AF509927

DISCOURS

SUR

LA CATASTROPHE

DU 20 MARS,

ET LE RETOUR DU ROI,

Prononcé le 19 Septembre, aux Prières des Quarante-Heures,
dans l'Église de Saint-Gervais de Falaise,

Par M. l'Abbé JARRY,

Ancien Vicaire général d'Auxerre, etc.

A PARIS,

Chez Adrien LECLERE, Imprimeur de N. S. P. le
Pape et de l'Archevêché, quai des Augustins, n.° 35;

ET A FALAISE,

Chez BRÉE l'aîné, Imprimeur du Roi.

1815.

DISCOURS

SUR

LA CATASTROPHE

DU 20 MARS,

ET LE RETOUR DU ROI.

Quantas ostendisti mihi tribulationes multas et malas ; et conversus vivificasti me et de abyssis terræ iterum reduxisti me.

Combien de tribulations vous m'avez fait voir, ô mon Dieu ! qu'elles ont été amères et multipliées ! mais vous vous êtes tourné vers moi ; vous m'avez rendu la vie, et vous m'avez retiré du fond des abîmes.

(Psalm. LXX , ℣. 22).

DEMANDERONS - NOUS de nouveaux miracles, M. F. ? douterons-nous encore qu'il y ait dans les Cieux un maître souverain qui gouverne à son gré les choses de la terre (1) ; qui se joue de nos passions comme de nos projets, de nos craintes comme de nos espérances ; qui commande à la guerre

______

(1) Prov. XIV, ℣. 3.

d'enfanter la paix , et qui , du sein de la paix , fait éclore la guerre (1) ; qui , pour montrer qu'il est seul grand et immuable , transfère en un clin-d'œil la puissance d'un empire à l'autre (2) , énerve et aveugle les rois , leur rend l'intelligence et le courage , les couvre de confusion ou de gloire ; *qui multiplie les Nations , les perd ensuite , et les rétablit après leur ruine* (3) ; qui élève quelquefois des hommes de néant de la fange sur le trône (4) , les en précipite , les y replace encore , et les brise enfin avec éclat quand ils ont accompli les desseins de la justice éternelle ?

Que n'avons-nous pas vu dans le court intervalle de quinze mois ? Cette antique monarchie deux fois miraculeusement ressuscitée ; deux fois tous les Peuples et les Rois rassemblés dés extrémités de la terre pour venger un Prince qui n'avoit pour lui que les droits de sa naissance et ses vertus.

L'Univers , si long-temps agité par nos discordes , commençoit à respirer avec nous ;

---

(1) Isaï. XLIV, ℣. 7.
(2) Ecclesiastic. X , ℣. 8.
(3) Job. XII , ℣. 18, 21 , 23.
(4) Psalm. CXII , ℣. 6 , 7.

il s'applaudissoit d'avoir trouvé le gage de son repos dans le repos de la France, restituée à ses anciens maîtres ; et voilà qu'une conspiration , ourdie aux enfers, arrache Louis à notre amour, le jette dans une terre étrangère , et porte de nouveau l'épouvante au milieu des Nations. *Celui que nous avions si ardemment désiré est emporté comme un tourbillon , et notre salut a passé comme un nuage* (1).

Ah ! si la France étoit coupable de cet attentat! Mais, grâces vous en soient rendues, ô mon Dieu ! les enfans de Belial qui ont conjuré contre *l'homme de votre droite* (2), ne sont point la France. *Ils sont sortis d'avec nous ; mais ils n'étoient pas d'avec nous* (3) *ceux qui formèrent de noirs complots contre le Seigneur , et nourrirent dans leur cœur des pensées pleines de malice et de perfidie* (4).

La France a pu être subjuguée par la trahison et la violence , elle n'a jamais cessé

---

(1) Abstulisti quasi ventus desiderium meum ; et velut nubes pertransiit salus mea. (*Job. XXX*, ℣. 15).

(2) Psalm. LXXIX , ℣. 18.

(3) I. Joan. II , ℣. 19.

(4) Nahum III , ℣. 11.

d'être fidèle. La consternation dont elle fut frappée à l'apparition du tyran ; le deuil et le silence de mort qui régnèrent dans la capitale et dans les provinces ; les larmes que la Nation répandit sur les pas du Roi ; la joie qu'elle a fait éclater à son retour, attestent assez qu'elle fut étrangère à ces trames criminelles, et la vengent des calomnies de ses oppresseurs.

Nous avons besoin, M. F., de nous rendre ce consolant témoignage pour modérer et adoucir la douleur profonde qui nous accable. Qu'elle est étrange et déplorable la condition où la rébellion nous a réduits ! Nous ne pouvons point nous réjouir de notre délivrance sans penser que les artisans de nos malheurs sont des Français. Nous applaudissons aux victoires qui nous ont rendu notre Roi, notre religion, notre liberté, nos lois, tous les biens de la vie ; et ces victoires, nous les devons à des armées étrangères !

Antique loyauté de nos pères, foi des sermens, principes sacrés d'honneur et de fidélité, qu'êtes-vous devenus ? Il a fallu que l'Orient s'alliât une seconde fois au Septentrion, que des Nations lointaines dont le nom étoit à peine connu de nos ancêtres, que les peuples du Tanaïs et du Borysthène se liguassent avec les peuples des Espagnes; que le Roi des îles unît ses armes à celles des Empereurs et des Rois de la Germanie ; en un mot , il a fallu que le monde entier fût en travail pour sauver la France de la fureur de quelques Français.

Grande et terrible leçon! Seroit-elle encore perdue pour nous, M. F.? Si la première nous fut donnée en vain , celle-ci du moins doit nous faire rentrer en nous-mêmes , et porter le dernier coup à notre incrédulité.

Laissons les enfans du siècle languir autour de questions indiscrettes et oiseuses sur les causes de ce désastre imprévu : il n'appartient qu'à la foi de nous en montrer la véritable , et de nous en indiquer les remèdes.

Les yeux fixés sur cette Providence adorable qui se sert des impies , comme d'une verge , pour châtier les rois , les peuples et les particuliers, méditons ensemble , M. F., sur une catastrophe si féconde en instructions. Nous y verrons que notre perte a été notre propre ouvrage (1); que c'est pour avoir méconnu le bienfait du rétablissement de la monarchie , qu'elle a de nouveau été

____

(1) Osée. XIII , ♯. 9.

ébranlée jusque dans ses fondemens ; que le seul moyen de l'affermir pour jamais est d'appaiser promptement la colère de Dieu par la réforme de nos mœurs, et un retour sincère à la religion. Quels motifs plus puissans et plus propres à nous animer , puisque notre pénitence doit opérer, avec le salut de l'Etat, le salut éternel de nos âmes, et nous assurer les promesses de la vie future, en nous procurant tous les biens de la vie présente (1)!

Ave Maria.

PREMIÈRE PARTIE.

Lorsque, l'année dernière, Dieu suspendit le cours de nos calamités ; lorsqu'il ordonna à l'Ange de la guerre de remettre l'épée dans le fourreau, et que , pour gage de sa miséricorde, il ramena , à travers l'Océan étonné , un Prince inconnu aux nouvelles générations de son empire , et que n'espéroient plus revoir ceux qui le regrettoient ; quels furent nos sentimens et nos transports! Un seul cri s'éleva à la fois d'un bout à l'autre du royaume. Nous nous di-

---

(1) I. ad Timoth. IV, ℣. 8.

sions , en versant des larmes d'attendrisse-
ment : Non , ce n'est point là l'ouvrage
des hommes : Dieu seul a opéré ce prodige. *A Domino factum est istud* (1) : ex-
pression naïve de la foi , témoignage d'âmes
naturellement chrétiennes (2). L'impie lui-
même, terrassé par l'évidence , se surprit à
parler notre langage , et reconnut une fois
la puissance du Très-Haut.

Hélas ! M. F. , le dirai-je à notre honte ?
cet hommage de notre reconnoissance expi-
ra sur nos lèvres ; il retentit dans les airs ,
il ne pénétra point jusqu'au fond de notre
âme ; notre esprit fut convaincu , et nos
cœurs restèrent froids et glacés ; nos regards, qui s'étoient élevés un moment vers
le ciel, se reportèrent aussitôt sur la terre ;
et nous continuâmes à marcher dans nos
routes anciennes , comme si nous nous fus-
sions acquittés envers Dieu par de vaines
acclamations , et qu'il n'attendît rien autre
chose de notre reconnoissance.

Certes , il n'est que trop vrai , lui seul
nous a sauvés : et nous, qui en faisons l'aveu ,
nous nous obstinons à nous perdre. Il a brisé

______

(1) Psalm. CXVII , ℣. 23.
(2) Tertullian.

le joug de notre servitude temporelle, et nous nous endormons dans l'esclavage du péché ! Il a renversé le tyran de notre patrie , et nous ne songeons pas à combattre des tyrans beaucoup plus redoutables , nos passions et nos vices !

Dieu n'aura-t-il donc multiplié la magnificence de ses dons (1) que pour nous rendre plus criminels par notre ingratitude? Comptez ses bienfaits si vous le pouvez. Il met un frein à la fureur des princes et des peuples ; il change en agneaux ces lions justement irrités. Ces rois qui étoient venus en ennemis et ne respiroient que vengeance , déposent tout ressentiment et prennent pour nous des entrailles de père. Tant de générosité nous étonne ; nous trouvons la paix , le bonheur et la vie au milieu des horreurs de la guerre et des angoisses de la mort. Nous avons peine à croire ce que nous voyons de nos yeux ; notre langue manque d'expressions pour peindre la surprise que nous cause un si prodigieux changement ; et le seul prodige qui ne nous frappe pas , c'est qu'il ne s'opère aucun changement dans nous-mêmes.

-----

(1) Psalm. LXX.

Allons , livrons-nous à la joie ; les jours de deuil sont passés , ils ne reviendront plus. Courons avec une nouvelle ardeur après les objets de nos convoitises ; mettons à profit pour l'ambition , le plaisir et la cupidité , cette paix tant désirée , et ne refusons rien à la dépravation de notre cœur. Malheureux ! un coup de tonnerre va mettre fin à ce songe funeste. Le dragon qui nous dévora pendant quinze ans *s'est élancé du fond de son repaire* (1). Ses rugissemens appellent la discorde et la mort. Toutes les puissances de l'enfer en ont tressailli de joie : elles accoururent en foule se ranger sous sa bannière sanglante. Je crois voir , grand Dieu ! se réaliser la vision mystérieuse de votre Disciple bien-aimé , lorsque des légions de bêtes farouches, *dont les dents sont comme les dents du lion , et auxquelles il a été donné le pouvoir de nuire durant cinq mois ,* viennent ravager la terre , *ayant pour roi l'Ange de l'abîme , nommé en grec Apollyon , c'est-à-dire , l'exterminateur* (2) !

Ecoutez ce que dit un autre prophète :

---

(1) Jerem. IV, ℣. 7.
(2) Apocalyps. IX, ℣. 3 , 12.

*Le perfide continue d'agir avec perfidie ,
et le dépopulateur du monde continue de le
dépeupler* (1).

Demandez maintenant dans votre effroi,
comment il a pu tromper la vigilance de ses
gardes , traverser librement les mers , et
parcourir sans obstacle des provinces qui
l'abhorrent. Je n'ai point le secret de ce
mystère d'iniquité ; et, sans m'arrêter aux
hommes qui l'ont consommé , je le consi-
dère comme le châtiment de notre crimi-
nelle indifférence. Durant la trève de nos
maux , nous n'en fîmes point avec nos dé-
sordres ; et Dieu répand de nouveau sur
nous le calice de son indignation , et nous
condamne à le boire jusqu'à la lie (2).

Insensés que nous sommes ! au lieu de
nous accuser nous-mêmes, nous accusons
la clémence des rois d'avoir épargné l'ennemi du genre humain. On aime à se per-
suader que sa mort auroit assuré le bonheur
de la France et la paix du monde. Quoi !
M. F., cet homme , tout méchant qu'il
est, est - il donc le seul qui soit né pour
le malheur des hommes ? Sa rage ne se se-

---

(1) Isaï. XXI , ✶. 2.
(2) Ezech. XXIII , ✶. 34.

roit - elle pas épuisée en efforts impuissans , si elle n'avoit pas été nourrie et se-
condée par la rage de ses complices ? Chaque nation recèle dans son sein de ces âmes
inquiètes et féroces, qui ne respirent que le
trouble et le sang : elles entrent dans l'éco-
nomie du monde moral , comme la foudre
et les tempêtes dans l'ordre de la nature , et
servent *à punir les méchans et à exercer
la vengeance de celui qui les a créées* (1).

Vous vous en prenez à l'existence d'un seul
homme : avez-vous donc oublié à quels hommes avant lui notre patrie fut livrée? leur chûte
put bien changer la forme et le nom de notre
esclavage; mais nos fers en furent-ils moins
pesans? Quand une fois les peuples ont renversé l'ordre de la Providence et rejeté leurs
princes légitimes, il n'y a plus d'autre droit
que la force, et l'autorité est toujours la
proie du crime et de la violence. Nous ne
savons que trop qu'il ne faut ni génie, ni
courage, ni connoissances profondes , ni
talens extraordinaires , pour dominer un
peuple révolté. Il se précipite lui-même tête
baissée au-devant de ses bourreaux : les
plus audacieux sont sûrs de prévaloir. Com-

____

(1) Ecclesiastic. XXXIX, ℣. 33 , 34 , 35 , 36 , 37.

bien de scélérats obscurs ont péri du dernier supplice , auxquels il ne manqua pour devenir des tyrans célèbres, que de naître dans des jours de trouble et d'anarchie.

Tel sera à jamais le caractère distinctif de la période fatale qui vient de finir. Le royaume avoit été plus d'une fois déchiré par des factions ; mais alors les chefs en imposoient par des noms illustres et par des qualités éblouissantes. Celui qui s'assit un moment sur le trône de nos rois (1) étoit roi lui-même d'une nation valeureuse ; la France gémit sous une domination étrangère et ne fut point avilie. Il étoit réservé aux enfans du siècle de lumière , à ces fiers contempteurs des rois, d'aller chercher leurs maîtres dans *les balayures du monde* (2) , et de mettre la vie des Peuples et la destinée de l'Etat à la merci de brigands diffamés , dont le nom ira épouvanter les générations les plus reculées.

Ainsi, pour dompter la fierté de l'Egypte, Dieu ne se servit point de la force des lions. Plus elle avoit d'insolence et d'orgueil , plus son châtiment fut honteux et sa plaie hu-

---

(1) Henri VI , roi d'Angleterre.
(2) I. Cor. IV, ℣. 13.

miliante. Ce florissant empire fut couvert de reptiles immondes , et un peuple délicat et superbe se vit dévorer par des insectes nés de la pourriture et de la fange (1).

S'il eût péri vaillamment , l'épée à la main , au milieu des phalanges qu'il savoit enivrer d'un fanatisme qu'il ne partageoit pas , on disputeroit sur celui qui vient de disparoître. Une mort éclatante auroit emporté le secret de sa vie; et le vulgaire, qui prend le bruit pour la gloire , et de grands succès pour de grandes actions , le jugeant supérieur à ses devanciers , auroit peut-être transmis à la postérité le mensonge de sa renommée.

Il a voulu vivre pour détromper et confondre ses admirateurs; il a voulu vivre pour étaler lui-même son ignominie aux yeux de l'Univers, cet hypocrite qui, caressant d'abord tous les partis , afin de les asservir tous , fit entrer jusqu'à la religion dans le

----

(1) Superbia Ægyptiorum unde domita est? de ranis et muscis. Poterat Deus et leones mittere ; sed aliquis magnus leone terrendus est. Quanto illi erant superbiores, tantò de rebus contemptibilibus et abjectis fracta est eorum cervix mala. *D. Aug. In Ep. I., Joh, tract. 8, c. 4.*

plan de ses impostures ambitieuses. Un titre modeste et populaire lui a frayé la route à la domination la plus absolue, qu'un peuple, frappé d'étourdissement, regarde presque comme un bienfait.

Si le cœur de l'homme pouvoit être rassasié des dons de la fortune, qui en fut jamais plus comblé ? Tout succède au gré de ses désirs. Par une sorte d'enchantement, les factions et les haînes se taisent devant lui, et conspirent à l'envi pour sa grandeur. Chaque jour accroît sa puissance, et c'est pour accroître son orgueil et son insatiable avidité. Tout un grand peuple enchaîné sous ses pieds ne le contente pas : il ne sera satisfait que quand il aura subjugué tous les peuples. Il vole du Nord au Midi : rien ne résiste à l'impétuosité de ses armées ; et la paix, par ses manœuvres perfides, sert encore mieux ses desseins que la valeur désespérée de ses soldats. Voyez-le, ce dominateur farouche, chargé des dépouilles des Nations, qui partage ses rapines avec les compagnons de ses brigandages, et distribue à sa race impure les plus nobles couronnes de l'Univers.

Il se rit de nos larmes et de notre détresse ; il insulte à notre patience, et paie tous nos sacrifices de son mépris : il ne goûte le plaisir de régner qu'en moissonnant chaque année les générations qui s'élèvent , toujours prêt à sacrifier la nation toute entière à ses projets extravagans.

La France a reconnu son erreur. Il est trop tard. Elle est *frappée d'une plaie in-curable* (1) , et l'asservissement des autres royaumes ne laisse pour perspective à son désespoir , qu'une servitude éternelle.

En effet , M. F. , qu'a-t-il manqué au *Brigand des Nations* (2) que de savoir jouir en paix de sa fortune et de la crédulité de l'Univers ? Le seul ennemi qui n'eût pas fléchi sous sa loi , séparé par l'Océan , ne pouvoit point l'atteindre. Quand on considéroit ses armées nombreuses comme les sables de la mer, ses immenses trésors , grossis sans cesse des tributs de tant de peuples et du pillage de tant de provinces ; quand on considéroit l'ascendant qu'il avoit pris sur l'opinion , la terreur que son nom inspiroit , et surtout le servile dévouement qui lui attachoit cette foule d'esclaves de tous les rangs et de tous les pays , empressés

____

(1) Isaï. XIV, ℣. 6.
(2) Prædo gentium Jerem. IV, ℣. 7.

de mendier ses faveurs et de lui vendre leur conscience et leur patrie , qui n'eût pensé qu'il étoit destiné à changer la face du monde , et à y fonder , sur les débris de tous les empires , un empire inébranlable ? Ah ! je ne m'étonne plus que cet *insensé* se soit cru *grand* (1) en voyant ainsi s'humilier à ses pieds tout ce qu'il y avoit de grand sur la terre, et , qu'enivré de tant de puissance et d'adulations , il ait dit comme le roi de Babylone : *Je suis seul , et il n'y en a point un autre après moi : je placerai mon trône au-dessus des astres , et je serai semblable au Très-Haut* (2). Il donne le signal , et l'Europe docile s'arrache de ses fondemens et se précipite avec lui sur l'empire des Czars ; mais la mesure est comblée : la flèche du Seigneur , partie du Septentrion , a percé cet autre Antiochus : un revers a décidé pour jamais de sa fortune et de sa renommée.

Qu'est devenu ce fier génie, si vaste dans ses projets, si fécond en ressources ? Reconnoissez-vous encore cette humeur indomptable , cette arrogante audace qui se vantoit

____

(1) Isaï. XXXII, ℣. 5.
(2) XIV , ℣, 13, 14.

de maîtriser les événemens et de faire la loi
à la destinée? Est-ce là celui qui se trouvoit
à l'étroit dans les bornes du monde ? Ah !
M. F. , il a fini le rôle qu'un maître plus
puissant lui avoit départi. Vainement il
s'efforcera de le reprendre, ce sera pour lo
marquer par des chûtes nouvelles et plus
honteuses, et faire des fautes qu'on n'atten-
droit pas du dernier capitaine.

Cherchez maintenant le grand homme ,
le conquérant , le législateur, la merveille
de son siècle , l'orgueil de la nature hu-
maine (c'étoit le langage de ses adula-
teurs); il ne lui reste même pas cette bravoure commune de l'homme, qui est la première vertu du soldat. Le nouveau Xerxès
fuit comme un daim timide (1). Dans la
frayeur qui l'obsède , il s'empresse d'abdi-
quer les titres insolens de son orgueil , et
ne laisse aux aveugles instrumens de son
délire , que la douleur et la honte d'avoir
servi une âme de boue , et de s'être sacri-
fiés pour un héros de théâtre.

Voilà donc le dénouement de cette ef-
froyable tragédie qui tenoit tous les peuples
dans l'attente , et sembloit ne devoir finir

______

(1) Et erit quasi damula fugiens, et non erit qui con-
greget. (*Isaï. XIII*, ♰. 14.)

que par l'envahissement de l'Univers! *La poussière a trouvé sa fin,* dit Isaïe (1). *Que fais-tu ici,* ajoute le même prophète, *et quel droit y as-tu,* fils de l'étrangère, *toi qui t'étois préparé ici un tombeau?* et, non content de souiller le trône des rois pendant ta vie, te promettois d'insulter à leur cendre dans les régions de la mort ; *toi qui t'étois dressé avec tant d'appareil un monument dans un lieu élevé, le Seigneur te fera transporter d'ici :* Tanquam asportatur gallus gallinaceus. *Tu mourras là, et c'est à quoi se réduira le char de ta gloire :* Ibi morieris, et ibi erit currus gloriæ tuæ (2). *Ceux qui te verront* précipité de si haut, *s'approcheront de toi, et, après t'avoir envisagé, ils te diront : Est-ce donc là cet homme qui a troublé la terre , ébranlé les royaumes , dépeuplé le monde et détruit les villes* (3)? *Le misérable a rempli sa destinée , et celui qui fouloit l'Univers aux pieds, est renversé* (4).

Chrétiens! contemplez la fin du Superbe , et gardez-vous bien de confondre sa chûte avec les vicissitudes si communes à la guerre. Le plus habile capitaine , long-temps victo-

____

(1) Isaï. XVI, ℣. 4. (2) XXII, ℣. 16, 17, 18. (3) XIV, ℣. 16, 17. (4) XVI, ℣. 4.

rieux , peut être vaincu à son tour : il y en
a peu qui n'éprouvent quelque revers. Vingt
peuples , ligués contre un seul peuple , viennent à bout de le soumettre , et de s'empa-
rer d'un royaume divisé par des partis, dont
le plus nombreux leur tend les bras comme
à des libérateurs : il n'y a dans cet événe-
ment rien de merveilleux ni d'extraordi-
naire. Mais qu'un enfant du hasard , porté ,
par des circonstances inouies , au faîte des
grandeurs humaines , s'acharne à tramer sa
propre perte , et force la fortune à l'aban-
donner et à le punir elle-même de ses forfaits ; qu'un soldat, nourri dans les camps ,
qui ne se plaît qu'au milieu des batailles , et
qui , certes , en plus d'une rencontre , donna
des preuves de bravoure et de capacité, manque tout à coup de l'une et de l'autre ; qu'il
n'ait plus ni résolution ni intelligence ; que le
péril l'effraie ; qu'un revers l'abatte et ne lui
laisse pas apercevoir tant de moyens qui peuvent le réparer ; que l'indomptable fermeté
de ses troupes et leur dévouement désespéré
ne puissent lui redonner du cœur ni rani-
mer son courage ; c'est là un de ces phéno-
mènes qu'on n'expliquera jamais , à moins
qu'on n'en cherche la cause dans les desseins
cachés de celui qui aveugle et endurcit

Pharaon, quand le moment de délivrer son peuple est arrivé.

Que les impies l'apprennent donc par ce mémorable exemple : « Ils peuvent bien faire
» le mal, dit S. Augustin ; mais d'arriver
» à leurs fins et d'assurer le succès de leur
» malice, cela n'est pas en leur pouvoir,
» mais en celui de Dieu, qui partage les té-
» nèbres et les ordonne à son gré : en sorte
» que dans ce qu'ils font, même contre l'or-
» dre et la volonté de Dieu, rien ne s'ac-
» complit que dans cette volonté sainte (1). »

Nos premiers tyrans ne se proposoient-ils pas, en renversant le royaume très-chrétien, d'ensevelir le christianisme sous ses ruines ? Leurs persécutions et leurs sanglans édits n'ont fait que renouveler, dans un siècle de mollesse et d'impiété, le courage et les victoires des anciens martyrs, et rajeunir les preuves de notre foi qu'ils affectoient de révoquer en doute.

Trompés par leur fureur, ils avoient placé leur dernier espoir dans l'Apostat, héritier de leur haîne comme de leurs complots. Ils se réjouissent déjà : Rome est captive, et le Père des Chrétiens dans les fers. Joie barbare et insensée ! celui qui livre son Pontife,

____

(1) De præd. SS., c. XVI.

comme autrefois le saint homme Job, à Satan , lui a défendu d'attenter à sa vie (1). Rome , que la foi de Pierre a rendue la ville éternelle ; Rome , qui doit toujours être souveraine, parce qu'elle doit toujours parler en maîtresse à toutes les Eglises de l'Univers ; Rome voit le successeur des Apôtres rentrer triomphant dans ses murs , plus grand et plus vénérable par la fermeté de son courage et la gloire de ses souffrances ; et la France , *un royaume qui a toujours été le principal appui du Saint-Siége sur la terre* (2) , et que l'impiété se flattoit de lui ravir ; la France renaît de sa cendre pour continuer à remplir cette noble destination de sa puissance.

Ainsi s'accomplit, ô mon Dieu ! ce que vous annonçâtes autrefois par votre prophète : *Je viendrai* , dit le Seigneur, *venger les crimes du monde, et punir l'iniquité des impies : je dompterai l'orgueil des ennemis de ma foi, et j'humilierai l'insolence des tyrans* (3).

____

(1) Job. I , ꝟ. 12. (2) Bossuet. (3) Isaï. XIII, ꝟ. 11.

DEUXIÈME PARTIE.

UN roi selon le cœur de Dieu, fut aussi éprouvé par la rébellion. David, tant de fois victorieux des Philistins, se vit contraint de sortir précipitamment de Jérusalem, et de chercher un asyle dans le désert ; mais aussitôt que le chef de la révolte eut péri, tous les enfans de Juda le prièrent de revenir dans la ville sainte avec les serviteurs fidèles qui l'avoient suivi (1).

Telle a été la conduite de la France dans des conjonctures aussi déplorables. Cependant l'allégresse publique, si générale et si sincère, est empoisonnée, je ne dis pas seulement par d'humilians et cruels souvenirs, mais encore par des inquiétudes et des alarmes mortelles. On compare ce retour du Roi avec le premier ; et l'on ne peut comprendre que deux événemens si semblables présentent entre eux une si prodigieuse différence. Voyons les choses de plus haut, M. F. ; la foi résoudra cet étrange problême.

L'année dernière, nous abusâmes d'une grâce signalée que nous n'aurions pas même osé espérer. Dieu daigne encore nous l'ac-

---

(1) II. Reg. c. XV, ⍎. 14, et seq. XIX, ⍎. 14.

corder de nouveau , mais moins pleine et moins abondante. L'année dernière sa main répandit sur nous ses faveurs à torrens : c'étoit les profusions du père de famille à l'arrivée d'un fils qu'il croyoit perdu. Ce fils ingrat n'a répondu à tant d'amour que par l'indifférence et l'oubli. La tendresse paternelle s'est refroidie : elle ne le repousse pas encore de son sein, mais elle l'accueille avec moins d'empressement ; elle lui rend bien son héritage , mais comme à regret et à de pénibles conditions. On ne peut pas s'y méprendre , M. F. ; la miséricorde qui nous sauve est empreinte de colère , et la clémence qui nous pardonne est sombre et menaçante. Tant de contradictions et d'obstacles qui s'élèvent de toutes parts nous annoncent assez que la justice de Dieu n'est pas satisfaite : il semble tenir ses dons comme en suspens , et attendre que notre conduite décide s'il doit nous rendre son amour ou sa haîne.

Quoi ! M. F. , les habitans de Ninive , un peuple idolâtre , se convertissent à la voix d'un prophète inconnu qui les menace d'une ruine prochaine ; et nous , qui sortons à peine des ruines de notre patrie, tous meurtris et couverts de plaies ; nous qui marchons sur une terre ébranlée et sur des cendres encore fumantes , nous levons un front altier contre le Seigneur, et semblons défier sa puissance.

Que le miracle de notre première délivrance nous eût laissés dans *l'enchantement de notre frivolité* (1) , c'étoit déjà un aveuglement épouvantable qui présageoit de nouveaux désastres. Mais aujourd'hui que ces maux sont arrivés ; qu'ils pèsent sur nos têtes , que nous n'apercevons dans l'avenir que des signes effrayans ; que notre foi reste morte , que nous mettions encore notre confiance dans le péché qui nous a perdus , c'est un excès monstrueux d'abrutissement qui doit attirer sur nous les derniers coups de la vengeance céleste.

Qui peut donc , M. F. , vous entretenir dans cette funeste sécurité ? Regardez autour de vous ; l'air est encore embrasé ; un murmure sourd et la consternation de la nature nous annoncent que le moindre souffle peut tout à coup rallumer les orages. Est-ce donc parce que la paix nous est nécessaire , et que nous en sentons vivement le besoin , qu'elle nous sera accordée ? Notre princi-

____

(1) Sap. IV, ℣. 12.

pal ennemi s'éloigne , il est vrai : il est enchaîné ; mais qui vous a répondu qu'il ne
rompra point une seconde fois ses chaînes ?
et d'ailleurs manquerons-nous jamais de
pareils ennemis ? Leur haîne est-elle à bout
comme notre patience ? Parce que nous
sommes las de souffrir , avons-nous acquis
le droit de ne pas souffrir davantage ? Et
Dieu a-t-il promis de cesser de nous punir ,
parce que nous avons juré de ne point cesser de l'outrager ?

De froids raisonneurs nous parlent conti-
nuellement de la force des choses qui les replace toujours dans leur ordre naturel ; ils
nous montrent le remède infaillible des maux
de l'Etat dans l'excès même de leurs ravages.
A en croire ces profonds politiques , les
peuples sont enfin désabusés des doctrines
turbulentes et meurtrières qui ont si long-
temps compromis leur repos. En garde
contre la séduction et les manœuvres des
factieux , ils se sont ralliés *aux principes
éternels des sociétés.* Nous n'avons plus rien
à craindre sous l'égide de l'esprit public , et
l'empire de l'opinion rend impossible jusqu'à l'idée de subversions nouvelles. Pom-
peux discours , magnifiques paroles , qui
nous feroient peut-être encore illusion , si la

dernière catastrophe ne nous en avoit pas démontré la fausseté. Une seule étincelle a suffi pour embrâser l'Europe ; et qu'on n'en fasse point honneur à la prudence des hommes , si elle n'a pas été entièrement consumée.

Il est facile, sans doute , de soulever la multitude , à l'aide de principes abstraits et de théories séduisantes, qu'elle interprète au gré de ses passions. Il n'en est pas ainsi pour la faire rentrer dans le devoir, et la tenir dans l'assujettissement et l'obéissance. Vous lui parlez de son intérêt ; et en connoît-elle d'autre que de se livrer à la fougue de ses désirs !

L'homme est naturellement rébelle et ennemi de l'ordre, qu'il tend sans cesse à renverser. Aussi Dieu , qui est l'auteur de la société, a-t-il armé du glaive les magistrats et les rois , pour effrayer les méchans et punir les coupables (1). Le Saint-Esprit l'a déclaré, et l'expérience nous le démontre : *les âmes perverses se corrigent difficilement* (2) : la crainte des peines est le plus puissant ressort des Gouvernemens , et le

---

(1) Rom. XIII, ℣. 4.
(2) Eccles. I., ℣. 15.

plus ferme appui de la tranquillité publique.

La sévérité, suivant la belle pensée de Tertullien, est la dette de la justice, comme la justice est la règle et la sauvegarde de la bonté (1). La rigueur des lois doit être en proportion de la dépravation des mœurs et de l'affoiblissement des principes religieux. Quand les hommes en sont venus au point de ne plus redouter le Législateur suprême ; quand la puissance publique n'a plus de prise sur leur conscience, elle n'a d'autre moyen que de leur faire craindre sa colère, et d'enchaîner leur bras par la terreur des châtimens : *elle doit opposer la force à la force, la force de la justice à la force de l'iniquité* (2). Tout est perdu dans un Etat où le crime brave impunément l'autorité des lois. Un grand empire, d'où la justice est bannie, dit S. Augustin, n'est plus qu'un grand brigandage (3).

---

(1) Adv. Marc., lib. II, c. XI et XII. Cicéron avoit dit avant lui, en faisant l'éloge de la clémence et de l'oubli des injures : *Ea tamen ità probanda est mansuetudo atque clementia, ut adhibeatur, reipublicæ causâ, severitas, sine quâ administrari civitas non potest.* (De Officiis, lib. I, c. XXV, n.° 88.)

(2) Bossuet, polit. sacrée.

(3) D. Aug., de civit. Dei.

Cessez donc de vous énorgueillir de votre politesse et de vos arts , de vos édifices et de vos statues ; cessez de me vanter vos théâtres et vos académies , vos artistes et vos savans , vos histrions et vos philosophes. Mon œil n'est point ébloui par cette puérile ostentation de gloire et de bonheur, qui ne couvre que des turpitudes et de profondes misères. Eh ! de quel autre nom appeler ce luxe effréné, qui, confondant tous les états et tous les rangs , confond de même tous les sentimens et tous les caractères , abâtardit les âmes et les ravale toutes au même degré de bassesse? Les vices, dont la seule idée révoltoit nos pères , sont les mœurs dominantes de nos jours ; la licence n'a plus de bornes ; et les scandales, que la sainteté de cette chaire me défend de retracer , se multiplient avec tant d'audace , qu'on s'y accoutume , et que bientôt on ne les remarquera plus.

La soif des richesses , le vil intérêt , est le grand mobile de la vie. Etranger à tout le reste , chacun veille autour de sa moisson , ne voit que soi seul , n'aime que soi dans la nature entière. Conscience, honneur, famille, amis, patrie, on sacrifie tout, sans hésitation comme sans scrupule, pour un peu d'or , pour la jouissance d'un moment. Tout est indifférent ; je me trompe , tout est autorisé, encouragé, applaudi, pour arriver à la fortune. Un gain infâme absout des crimes que , dans de meilleurs temps , nos lois punissoient de la flétrissure publique , quand ils échappoient au dernier supplice. Des misérables , engraissés de la substance de la veuve et de l'orphelin , fameux par des brigandages violens ou par de criantes usures , parviennent à la considération. On les flatte , on les honore ; on loue leur habileté ; on porte envie à leur sacrilège opulence. L'orgueil de la naissance dépose devant eux ses préjugés et ses hauteurs ; le sang le plus illustre brigue leur amitié , recherche leur alliance ; et , grâce à notre philosophie, l'intérêt, plus fort que toutes les vanités , établit l'égalité parmi les hommes.

Comment notre Nation est-elle devenue si différente d'elle-même ? Comment un esprit bas et cupide a-t-il remplacé cette élévation d'âme , ces sentimens généreux , ce noble désintéressement de nos ancêtres ? Ah ! reconnoissez l'arbre à ses fruits. Voilà ce que nous devons à ces précepteurs du genre humain , qui ont étendu la sphère de

nos connoissances , perfectionné notre rai-
son , et nous ont appris à être fiers de la
dignité de notre être.

Je vous le demande , M. F. , quel espoir
la Patrie peut-elle mettre dans des âmes dé-
gradées et mortes à toute vertu ? Comptera-
t-elle sur les efforts, attendra-t-elle des sacrifices d'hommes efféminés par la mollesse;
de mercenaires qui , toujours la balance à
la main , pèsent au poids de l'intérêt leurs
opinions , leurs sentimens et leurs démar-
ches ; qui ne voient de crime et de honte
que là où il n'y a point de profit , et pour
qui la trahison et le parjure , les forfaits et
l'ignominie sont des devoirs sacrés et glo-
rieux , quand ils sont assurés d'un salaire ?

Et cependant on nous parle avec assu-
rance de cet esprit public qui doit rallier
au Prince, et unir d'un lien indissoluble la
grande famille de l'Etat. Hélas ! quand,
dans les familles particulières, dont celle-ci
se compose , je trouve des époux indiffé-
rens les uns aux autres , lorsqu'ils ne sont
point ennemis déclarés ; quand je vois des
parens, tout occupés de leur fortune ou de
leurs plaisirs, sans tendresse pour leurs enfans, sans zèle pour leur éducation; des enfans indisciplinés et corrompus avant l'âge ;

des frères divisés ; presque partout des hommes dépravés et perfides, sans religion comme sans mœurs, flottant au gré de toutes les opinions et de tous les partis ; bas et rampans devant la tyrannie, insolens et frondeurs sous un gouvernement modéré et équitable ; en un mot, quand, au lieu d'hommes qui pensent et agissent en hommes, je n'aperçois que des discoureurs et des sophistes ; des esprits faux comme les cœurs ; des âmes de bronze, que ne peuvent émouvoir ni les infortunes particulières ni les calamités publiques, apprenez-moi donc par quel secret vous établirez l'harmonie entre ces élémens de discorde ? comment vous réunirez ceux que les plus douces habitudes et le sang même ne peuvent unir ? L'intérêt de l'Etat aura-t-il donc plus d'empire sur eux que la voix sacrée de la nature ?

Ne vous y trompez pas, M. F., il ne reste rien d'humain dans les hommes qui prétendent exister sans celui par qui tout existe. Ce que vous prenez encore pour la valeur et le courage, n'est en eux qu'une férocité brutale qu'échauffe une vile cupidité ; car, selon la belle définition d'un ancien, *le vrai courage est la vertu combat-*

tant pour la justice (1). Ils ont perdu jusqu'à cet instinct de l'orgueil que l'on est
convenu d'appeler honneur. Ce fantôme de
la vertu rougit du moins de bassesses désho-
norantes. Jaloux de l'estime et des applau-
dissemens des hommes , si l'honneur mon-
dain n'obéit point à la loi de Dieu , il se
fait encore une loi de ses préjugés et de ses
engagemens , et observe au-dehors les pre-
mières règles de la probité. Mais pour l'impie , qu'est-ce que la probité ? un mot su-
rané qu'il faut reléguer avec ceux de conscience et de devoir dans la langue des siècles
d'ignorance.

Je le sais, M. F., toute chair n'a pas
encore corrompu sa voie ; et malgré ce

---

(1) Dans un temps où l'on exalte si fort la gloire mi-
litaire et le courage , il est à propos de rappeler ce que
Cicéron a écrit à ce sujet: Le témoignage d'un philo-
sophe païen et d'un républicain ne sauroit être suspect :
Sed ea animi elatio , dit-il *, quæ cernitur in periculis
et laboribus , si justitiâ vacat , pugnatque non prò
salute communi , sed prò suis commodis , in vitio est.
Non enim modò id virtutis non est, sed potiùs imma-
nitatis omnem humanitatem repellentis. Itaque probè
definitur à stoicis* fortitudo *, cum eam* virtutem *esse
dicunt* propugnantem prò æquitate. (De Officiis, lib. I,
cap. XIX, n.º 62.)

débordement

débordement d'iniquités et de vices, il reste des fidèles adorateurs en Israël. Cependant ne nous abusons pas. Sommes-nous sans reproches ? N'avons-nous pas été atteints , peut-être sans nous en apercevoir , du mal contagieux de notre siècle ? Nous avons ses maximes en horreur ; mais notre conduite répond-elle aux maximes que nous affichons ? N'avons - nous rien retenu de ce goût d'indépendance , de cet esprit d'orgueil qui s'élève au-dessus de toute autorité , et censure avec amertume tout ce qui nous déplaît et nous choque ? N'applaudissons-nous pas en secret aux changemens qui flattent notre vanité et qui favorisent nos intérêts ?

Nous nous glorifions de professer la religion de Jésus-Christ. En observons-nous les pratiques ? Nous avons la foi : mais où sont nos œuvres ? Nous gémissons sur les ruines du sanctuaire ; nous voyons avec douleur l'épiscopat sans autorité , le sacerdoce sans considération ; la race sainte des Lévites prête à s'éteindre , et nos Autels menacés de voir cesser le sacrifice perpétuel. Si notre douleur étoit sincère , et notre foi aussi vive que nos plaintes , nous bornerions-nous à des paroles et à des gémissemens stériles ? Nous n'envisageons qu'avec effroi la génération qui s'élève au milieu de tant d'exemples corrupteurs : les exemples que nous donnons à l'enfance dans l'intérieur de nos familles, sont-ils bien propres à la prémunir contre la dissolution publique ? Il y a deux peuples dans ce royaume : les Chrétiens et les Impies. A quel signe, je vous prie, l'étranger qui voyage parmi nous distinguera-t-il les uns des autres ? Sommes-nous plus réglés dans nos mœurs, plus modestes dans nos parures, plus ennemis du luxe et des plaisirs, plus désintéressés, plus humbles et plus charitables ?

Vertueux en paroles, censeurs sévères et impitoyables des autres ; ah ! réservons plutôt nos leçons et nos censures pour nous-mêmes. Nous appelons à grands cris la réforme de l'Etat, dont nous ne sommes point chargés ; et celle qui devroit nous occuper tout entiers, cette réforme essentielle et fondamentale, sans laquelle les plus sages lois sont inutiles, et tous les efforts des gouvernemens impuissans, la réforme de nos mœurs, avons-nous songé à l'entreprendre ? Nous connoissons la source du mal qui nous dévore : nous nous plaignons que les autres rejettent le seul remède qui puisse le

guérir, et nous négligeons comme eux ce remède salutaire. Accablés de fléaux et trem-
blant à l'idée de ceux qui nous menacent,
nous demandons la paix au ciel et à la terre,
et nous nous dissimulons que la paix ne
peut être que *l'ouvrage de la justice* (1). A
quoi bon tant de plaintes et de regrets sur
le passé qui n'est plus à nous ; mettons le
présent à profit pour sauver la Patrie et
pour nous sauver nous-mêmes, en désar-
mant le courroux du ciel par une pénitence
prompte et sincère. Il nous a châtiés, mais
il nous console. Si nous entendons sa voix,
si nous n'y mettons point obstacle par nos
péchés, nous pouvons voir renaître encore
des jours de paix et de bonheur. Dieu nous
défend de désespérer de la Patrie, puisqu'il
rend à nos vœux celui que nous avons tant
désiré.

Si la France peut être sauvée, c'est par
un prince pieux et sage qui a déjà vérifié ce
que dit l'Ecriture : *Que le regard favorable
du roi redonne la vie au peuple, et que sa
bienfaisance est comme les pluies de l'au-
tomne* pour une terre aride et desséchée par
les ardeurs brûlantes de l'été (2). Mûri par

---

(1) Isaï. XXXI, ℣. 17. (2) Prov. XVI, ℣. 15.

l'âge et par l'adversité , il semble n'avoir *voyagé parmi les Nations étrangères que pour éprouver ce qu'il y a de bien et de mal parmi les hommes* (1), et nous rapporter les fruits de son expérience. Il pouvoit nous dicter la loi en maître ; et le seul usage qu'il ait fait de son autorité a été de la circonscrire. Il apparoît le testament de son frère à la main ; et c'est pour exécuter le dernier vœu de cette âme céleste , qu'il se condamne au malheur d'être roi.

Onze mois du règne de Louis avoient consolé la France de vingt années de désastres. Le temps qui paroissoit à peine suffire pour connoître et sonder les plaies de l'Etat , les avoit déjà cicatrisées ; nos captifs, renvoyés sans rançon, étoient revenus essuyer les larmes de leurs familles désolées ; Louis avoit rendu aux arts innocens et paisibles tant de bras que le mercenaire prostituoit aux jeux meurtriers de son ambition ; à sa voix le commerce et l'industrie avoient rouvert toutes les sources de la félicité publique. Que dirais-je ? Ce trait seul peint le cœur magnanime de Louis , et n'a point d'exemple dans l'Histoire. Echappé

____

(1) Ecclesiastic. XXXIX, ℣. 5.

par miracle à une conspiration exécrable ,
la seule crainte que son retour inspire , c'est
sa bonté ; la seule grâce que la France entière lui demande à genoux , c'est qu'il mette
des bornes à sa clémence.

Philippe paroît avec éclat , même à côté
d'un tel frère. Egaux sans être semblables ,
ils réunissent en eux , quoiqu'avec des traits
qui leur sont propres , tout ce que nous
admirons d'aimable et de grand dans les
vertus de leurs ancêtres.

Je ne ferai point l'injure à la Maison de
France de lui tenir compte de cette ardeur
belliqueuse et de cette valeur héroïque
qu'elle puise dans le sang ; que ce soit un
éloge pour d'autres princes , on ne songe
pas même à le remarquer dans les Bour-
bons. La fortune a pu leur manquer ; ils ne
se sont jamais manqués à eux-mêmes dans
les plus dures extrémités. Ils peuvent perdre
des couronnes , sans rien perdre de leur
grandeur : ils ne parurent jamais plus dignes
de leur rang , que lorsqu'ils furent réduits à
leurs qualités personnelles.

Les Condé et les Berry (et toi que je n'ose
nommer !) les Condé et les Berry , à la tête
d'une poignée de braves , ont lutté avec
une constance invincible contre la mauvaise

fortune. Durant ce long veuvage, la France n'étoit plus dans la France , elle étoit dans les champs de la Vendée et sous les tentes de Condé. L'Oriflamme errante dans des terres étrangères , fixoit encore les regards de l'Univers : elle devoit rapporter un jour, dans sa terre natale , le dépôt intact de l'honneur et de la gloire pure de nos armes.

Demandez à nos provinces du Midi si le sang de Henri IV a dégénéré ? Quels prodiges de valeur , quelle activité infatigable et quel grand caractère l'intrépide duc d'Angoulême n'opposa-t-il pas à la trahison , tandis qu'une épouse digne de lui.... Princesse Magnanime , reste sacré du sang des Martyrs , étoient-ce donc là les consolations qui étoient réservées à votre âme abreuvée de tant de douleurs? N'échappiez-vous aux bourreaux de votre enfance que pour être un jour , dans votre Patrie , en butte à de si cruelles adversités. Ville fidèle , qui lui préparoit un triomphe et des fêtes, dis-nous avec quel calme cette femme forte vit l'orage gronder sur sa tête ; quelle fermeté et quelle douceur, quelle prudence et quelle énergie elle déploya dans de si terribles conjonctures. Les rébelles en paroissent un moment interdits ; et tant de vertu les auroit sans doute désarmés , si la vertu pouvoit encore quelque chose sur l'âme des rébelles.

Tels sont, M. F. , les Princes que le Ciel nous a donnés. Si nous avions le droit funeste de choisir nos maîtres, où irions-nous en chercher qui fussent plus dignes de nos hommages et de notre amour ? O aveuglement ! ô délire ! ô fureur des guerres civiles ! Vous n'avez point partagé cet excès , M. F. , vous en avez gémi avec nous. Votre ville s'est signalée par son inviolable attachement à la cause du Roi. Vos vœux et vos prières ont sollicité son retour. Nous le possédons ; mais il règne dans la douleur. Son cœur est déchiré de tous les maux que nous souffrons. Il nous sait malheureux, et il ne peut point nous secourir. Adressons-nous donc au Roi immortel des siècles. Lui seul peut écarter les fléaux qui nous environnent. Il ne rejeta jamais les soupirs d'un cœur contrit et humilié : il n'attend que l'aveu de nos égaremens pour nous en accorder le pardon , et nous rendre ses anciennes miséricordes.

Dieu de nos pères ! ce Royaume , que le premier de nos Rois vous consacra dans les champs de Tolbiac , fut long-temps l'objet de vos complaisances et de vos faveurs. Vous l'avez humilié à cause de ses iniquités ; mais vous ne voulez point le perdre , puisque vous y avez ramené le fils de Saint Louis. Seigneur, accomplissez votre ouvrage ; sauvez le Roi (1) ; conservez et prolongez ses jours, qui sont si chers à son peuple ; donnez-lui l'esprit de force et de conseil ; affermissez son trône ; confondez ses ennemis qui sont aussi les vôtres ; ou plutôt , grand Dieu ! changez-les par un effet de votre grâce. Ils sont nos frères en Jésus-Christ et comme enfans de la même patrie : qu'ils en prennent les sentimens ; qu'ils deviennent fidèles Chrétiens et sujets fidèles ; qu'ils ne fassent plus qu'un cœur et une âme avec nous , afin que , servant tous à l'envi et le Roi du Ciel et le Roi de la Terre, cette France , aujourd'hui désolée , se relève après tant de disgrâces , et mérite d'être encore appelée LA PAIX de la justice et la gloire de la religion : *Nominabitur enim tibi nomen à Domino in sempiternum : Pax justitiæ et honor pietatis* (2). Ainsi soit-il.

(1) Psalm. XIX , ℣. 10. (2) Baruch. V, ℣. 4.

DE L'IMPRIMERIE DE BRÉE L'AINÉ.